AF305623

BEAUX PORTRAITS

GRAVÉS

Par les Meilleurs Maîtres

RELATIFS A

L'HISTOIRE DE FRANCE

PIÈCES HISTORIQUES

Composant le Cabinet de M. A. G.

VENTE

Les Jeudi 1ᵉʳ, Vendredi 2 & Samedi 3 Mars 1866

<table>
<tr><td>Mᵉ DELBERGUE-CORMONT
COMMISSAIRE-PRISEUR</td><td>M. VIGNÈRES
MARCHAND D'ESTAMPES</td></tr>
</table>

(220ᵉ)   PARIS — MARS 1866

VIGNÈRES

Rue de la Monnaie, 13, à l'entresol,

ENTRÉE RUE BAILLET, 1.

ESTAMPES ANCIENNES & MODERNES

Éditeur des Eaux-Fortes, Paysages et Plantes

DE M. EUG. BLERY,

Collection de plus de 50,000 Portraits différents

ANCIENS ET MODERNES

Classés comme suit et par ordre alphabétique :

ECRIVAINS. Littérateurs, Poëtes, Géographes, Mathématiciens.
ARTISTES. Peintres, Sculpteurs, Architectes, Graveurs.
MUSICIENS. Compositeurs et Exécutants.
ACTEURS et ACTRICES de toutes époques et de tous pays.
MÉDECINS. Botanistes, Chirurgiens, Minéralogistes, Naturalistes.
ECCLÉSIASTIQUES. Religieux, Catholiques, Réformés, Juifs.
CARDINAUX. — PAPES. — SAINTS et SAINTES.
DIVERSES CÉLÉBRITÉS. Chanceliers, Juges, Militaires, etc., etc.
RÉVOLUTIONS et EMPIRE. Députés et Généraux.
FEMMES CÉLÈBRES en tous genres.
CONDAMNÉS pour crimes, vols; Scélérats divers.
ORIENTAUX. Doges, Perses, Turcs, etc.
POLONAIS. Hongrois, Russes, etc.
ANTIQUES. Personnages célèbres de l'Antiquité (Grecs et Romains).
ROIS ÉTRANGERS et MAISONS PRINCIÈRES françaises et étrangères.
ROIS DE FRANCE classés chronologiquement.
COLLECTION classée par ordre alphabétique de Graveurs anciens
  et modernes.
PORTRAITS en BISTRE. Collection de portraits inédits ou rares
  reproduits nouvellement par la gravure.

Plus de 1,200 Portraits différents de la Galerie de Versailles,

Très-convenables pour les illustrations
et pour joindre avec les AUTOGRAPHES étant tirés à part, in-4°.

Le Catalogue détaillé par ordre alphabétique, 1 fr.

Afin de faciliter les recherches des amateurs de Portraits, soit
pour les illustrations, soit pour les collections d'autographes ou
autres; *deux catalogues détaillés* (n° 1 — n° 2), de quelques collections de portraits qui peuvent se trouver chez moi, classés par
ordre alphabétique, seront remis ou envoyés aux personnes qui en
feront la demande affranchie.

RENOU et MAULDE, imprimeurs de la Compagnie des Commissaires-Priseurs,
rue de Rivoli, 144.   48600

CATALOGUE

DE

BEAUX PORTRAITS

GRAVÉS

RELATIFS A

L'HISTOIRE DE FRANCE

PIÈCES HISTORIQUES

Composant le Cabinet de M. A. G.

DONT LA VENTE AURA LIEU

HOTEL DES COMMISSAIRES-PRISEURS

Rue Drouot, n° 5

SALLE N° 3, AU 1er

Les Jeudi 1er, Vendredi 2, Samedi 3 Mars 1866

A UNE HEURE PRÉCISE

M° **DELBERGUE-CORMONT**, Commissaire-Priseur,
rue de Provence, 8,

Assisté de **M. VIGNÈRES**, Marchand d'Estampes,
rue de la Monnaie, 13, à l'entresol, entrée rue Baillet, 1,

CHEZ LEQUEL SE DISTRIBUE LE CATALOGUE.

PARIS

RENOU & MAULDE

IMPRIMEURS DE LA COMPAGNIE DES COMMISSAIRES-PRISEURS
Rue de Rivoli, 144.

1866

ORDRE DES VACATIONS

1re Vacation......	de	1 à	255

1re Vacation...... de 1 à 255

2me Vacation...... de 256 à 512

3me Vacation...... de 513 à 749

CONDITIONS DE LA VENTE

Au comptant.

Cinq pour cent en plus des enchères applicables aux frais.

M. VIGNÈRES, dirigeant la Vente, se charge des Commissions.

Nota. Toute commission sans prix fixé ou sans limite déterminée sera regardée comme nulle.

M. Vignères se charge de faire marquer les prix aux Catalogues des Ventes qu'il a faites. Les personnes qui le désirent peuvent s'adresser à lui *franco*.

Les Catalogues des Ventes à faire seront envoyés aux personnes qui en feront la demande *affranchie*.

Avis. — Nous prions MM. les Amateurs éloignés de ne pas attendre au dernier jour, pour que les lettres arrivent le matin de la vente; ils compendront que quelques lettres peuvent se lire, mais de 20 à 50 lettres, c'est difficile.

DÉSIGNATION

BEAUX PORTRAITS

ANCIENS

AYANT RAPPORT A L'HISTOIRE DE FRANCE

Et Pièces Historiques

1 **Adlam**. Arouet de Voltaire en pied assis, écrivant; à l'eau-forte, rare (a été retouchée plus tard en manière noire?). In-fol. Marge.

2 **Adolftz?** Charles de Gontaut Biron à cheval. In-fol. très-rare.

3 **Albert** (Chérubin), 1595. Henri IV, dans un très-riche entourage, in-fol. Belle épr.

4 **Andescand** (R.-V.). H. Cardinal de La Grange d'Arquien, in-4, avant toute lettre et avant l'entourage terminé. Très-rare.

5 **Angus**. D'Alembert, in-8. Magnifique ép. avant la lettre, sur chine.

6 **Aubry**. L. de Vendôme duc de Mercœur. — P. Dumoulin. 2 p. in-8.

7 **Audran** (B.). Henri de Beringhen gouverneur des citadelles de Marseille, in-fol., d'ap. *Nanteuil*. Très-belle ép.

8 **Audran** (Ch.). Titre de l'ouvrage de Niceron, le portrait de Mazarin porté par un ange, petit in-fol., d'ap. *S. Vouet*.

9 **Audran** (J.). Claude Cherier licencié en théologie, in-4. Très-belle ép.

— Victor Marie comte d'Estrée, petit in-fol., d'ap. Largillière.

10 **Baillu**. Ant. de Bourbon comte de Moret. — Honoré d'Urfé. 2 p., d'ap. *Van Dyck*.

11 **Balechou**. Le père Porée jésuite, professeur de rhétorique, à Paris. Sup. ép. in-4, d'ap. *Neilson*.

12 **Bartolozzi**. Louis-Joseph de Bourbon prince de Condé, in-fol. à mi-corps, d'ap. *Mme de Tott*.

13 **Basan**. Louis le Bien-Aimé (XV), médaillon soutenu par Diogène, in-fol., d'ap. *Le Moine*. Très-belle ép.

14 **Bause**. Frédéric II, in-fol., d'ap. *Graff*.

15 **Bazin** (N.). Helyot conseiller, in-4. Marge. Sup. ép.

16 — Louis dauphin de France, 1686, d'ap. *J. B. Martin*, portrait équestre, in-fol. Rare.

17 — A. J. Le Bouthillier de Rancé abbé de la Trappe, in-4, d'ap. *Rigaud*. Sup. ép. Marge.

18 **Bella** (Stephano della), étant jeune et dessinant un vase antique. Très-belle ép.

19 — Siége d'Arras, en 1641. Très-belle ép. très-rare. (Vendue 190 fr. à la vente de M. Thiers.)

20 — Siége de Piombino. Belle pièce, tachée.

21 — Attaque de Porto-Longone. Superbe ép.

22 — Plan du bord de la mer de Calais à Saint-Omer, et des attaques, 1638. Belle ép.

23 **Benoît**. F. d'Aubigné, marquise de Maintenon, d'ap. *Mignard*, in-12.

24 **Bolswert** (S. A.). Pierre l'Ermite auteur de la première croisade, in-4. Superbe ép.

25 **Bondot**. Pierre Du Moulin ministre de la parole de Dieu, à Sedan. Sup. ép. in-8.

26 **Borcht** le vieux (P. Van der). Arbre généalogique se terminant à Henri III et Henri de Navarre; au fond, les assassinats du duc de Guise et d'Henri III.

27 **Bosse** (Ab.). Epitaphe de Callot, avec son buste. Très-belle ép. petit in-fol.

28 **Boudan** *excudit*. L'Oblation faite à Dieu par la reine, accompagnée de Louis XIII et la famille royale. Pièce extrêmement rare, rognée.

29 **Boulanger** (Math.). Raymond Vievssens docteur médecin de Montpellier. Petit in-fol,

30 **Bouttats** (Gasp.). Masacro de Henrico Magno, rey de Francia, por Francisco Ravillac en 14 mayo ano 1610. Sup. ép. d'une pièce très-rare.

31 **Bouttats** *fecit Antwerpiæ* (Gasp.). Massacre de Henri le Grand, par F. Ravaillac. Rare.

32 **Boydell** (J.). Claude le Lorrain peintre, in-8. Marge, in-fol.

33 **Briot** (J.), 1621. Le chevalier Marin poëte. Magnifique ép., in-4.

34 **Brissart?** 1614. La Statue équestre de Henri le Grand sur son piedestal. Très-belle ép., in-fol.

35 **Brissart** *del. et sculp.* (P.). Statue équestre de Henri IV, élevée sur le Pont-Neuf. Elle fut détruite en 1798, par les jacobins. Très-belle ép., in-fol.

36 Burke. The chevalier d'Eon, manière noire, in-fol., d'ap. *Huquier*. Marge.

37 Callot (J.). Louis de Lorraine prince de Phalsbourg à cheval (Meaume 508). Pièce rare, très-belle ép.

38 — Combat de Veillane, surmonté du portrait du marquis d'Effiat (M. 509). Très-belle ép.

39 — Siége de Breda, immense pièce en 6 feuilles non jointes (510).

40 — Siége de La Rochelle. Immense pièce en 6 feuilles non jointes (511). Anciennes et très-belles ép.

41 Carrache (Aug.). Christina Lotharingia Magna duc' Etruria. B. 141. Très-rare, très-belle ép., petit in-fol.

42 Cars. J. de Bonneguise évêque d'Arras, petit in-fol., d'ap. *Charpentier*. Sup. ép. toute marge.

43 — La Ve Mère F. Magd. de Chaugy, 4e supérieure de la Visitation, in-4. Magnifique ép., rare.

44 — Allégorie, avec médaillon de Louis XV, d'ap. *Le Moine*. In-4.

45 — Gaston de Rohan cardinal, in-fol., d'après *Rigaud*.

46 — N. Et. Roujault président à Poitiers. In-fol.

47 — Jacques-Germain Soufflot architecte, petit in-fol., d'ap. *Cochin?* Rare.

48 — Abbé de Vertot académicien, in-4, d'après *Delyen*.

49 Cathelin (L. J.), 1770. Joseph Vernet peintre de marines, d'ap. *Vanloo*. In-fol.

50 — C. H. de Fusée de Voisenon abbé académicien, in-8, d'ap. *Cochin*, 1,755.

51 Charpignon. B. P. César de Bus, fondateur de la Congrégation de la doctrine chrétienne, entouré de personnes auxquelles il fait des instructions, in-4. Très-rare.

52 Chauveau. Louis XIV recevant les prevosts de la ville de Paris à son entrée en 1660, petit in-fol. Très-belle pièce historique, superbe ép.

53 Chereau (F.). Boileau Despreaux, in-4, d'après *Rigaud*. Superbe ép.

54 — Louis de Boullogne peintre, d'ap. lui-même, in-fol. Très-belle ép.

55 — Abel Boyer, historien anglais, in-fol. Très-belle ép.

56 — A. Hercule de Fleury académicien, d'après *Rigaud*, in-fol. Grande marge.

57 — F. Armand de Lorraine évêque de Bayeux, in-fol., d'ap. *Tournière*,

58 — Philippe d'Orléans régent, petit in-fol., d'ap. *Santerre*. Très-belle ép.

59 — C. N. Taffoureau de Fontaine évêque d'Alet, grand in-4, d'ap. *Rigaud*.

60 Chereau (J.). J. Aug. de Thou. Très-belle ép.

61 — (Chez Jacques). Le bienheureux Pierre Fourrier curé de Mataincourt, in-4.

62 Choffard. F. VI duc de Larochefoucault, in-8, d'ap. l'émail de Petitot. Très-belle ép.

63 Ciartres *excudit*. Le cardinal de Richelieu au milieu d'un soleil rayonnant, les emblèmes du commerce dans les angles. Sup. ép., petit in-fol.

64 **Claussin**, *aqua forti*, 1794. Marie-Antoinette, buste dans un rond, petit in-4. Très-rare.

65 **Clerck** (de) *exc.* Ch. de Gontaut Biron maréchal et amiral, in-4. Marge.

66 **Cochin**. Charles Duclos historiographe et académicien, in-4, ép. avant la lettre. — Le même avec la lettre. 2 p.

67 — La Lorraine réunie à la France, personnages allégoriques soutenant le médaillon du cardinal Fleury, in-fol., d'ap. *Delobel.* Très-belle ép. Marge.

68 — L. Seguier avocat général, académicien, in-4, Belle ép. toute marge.

69 — Abbé dirigé à droite. —Abbé dirigé à gauche, au bistre, tous deux à mi-corps; l'un des deux est l'abbé de Bourgogne. 2 p. avant toute lettres, manière du crayon.

70 — Pompe funèbre de Philippe V roi d'Espagne, grand in-fol., d'ap. *Slodtz,* en 1746.

71 — Pompe funèbre de Marie-Thérèse dauphine de France, in-fol., d'ap. *Slodtz.*

72 **Coelmans**. J. B. Boyer d'Aguilles conseiller, in-fol.

73 — J. Boyer chev. seigneur d'Eguilles marquis d'Argens, in-fol.

74 — F. de Malherbe, in-fol., d'ap. *Finsonius.* Très-belle ép.

75 **Condé**. La chevalière d'Eon, ovale in-8, en femme.

76 **Cossin**. Fr. Chaveau graveur, in-fol., d'après *Lefèvre.* Superbe ép.

77 **Couvay**. Duc d'Anjou frère unique du roi, étant jeune, in-8, dans un rond. Très-belle ép., très-rare.

78 — Marie Stuart à mi-corps, in-fol.; au fond son supplice. Superbe ép.

79 — Vraie effigie de F. Simon Dissy, capucin, in-8.

80 **Coutellier**, 1787. Louis seize roi des François, in-fol. Grande marge.

81 **Crepy**. Le Rhin passé à la nage par les François, à la vue de l'armée de Hollande, in-fol., d'ap. *Van der Meulen*.

82 **Custos** (Dominique). Le Dauphin fils d'Henri IV, à un an, emmaillotté avec manteau, in-4. Belle ép. Rare.

83 **Dagoty**. Philippe d'Orléans régent, in-4, d'ap. *Santerre*. Manière noire.

84 **Dalen** (C. Van). F. Deleboe Silvius, médecin, in-fol. Magnifique ép. de la plus belle condition.

85 — Jacobus Triglandius théologien, d'ap. *Teylingen*, in-fol. Très-belle ép.

86 **Daniell** (W.). Chevalier d'Eon, en femme, profil, d'ap. *Dance*, 1793, in-fol. Toute marge.

87 **Dannoot**. L'Histoire s'apprête à écrire les hauts faits de Henri IV et de Louis XIII; l'Amour couronne le buste du jeune Louis XIV, in-fol., d'ap. C. Errard.

88 **Daret** (P.). Bernard de Saxe Weymar à cheval; au fond la prise de Jean de Weert, in-fol.

89 — Ch. de Gontaut duc de Biron, maréchal, in-4.

90 — F. de Bonne duc de Lesdiguières, connestable, in-4. Sup. ép. Marge.

91 **Daret.** Louis XIII, à cheval, 1643, grand in-4.
Très-belle ép. Rare.

92 **Daullé** (J.), 1743. Marguerite de Valois comtesse
de Caylus, in-fol., d'ap. *Rigaud.* Belle ép.

93 — Le Dauphin encore enfant, né à Versailles, le
4 septembre 1729, in-fol., d'ap. *S. Belle.* Très-
belle ép.

94 — Charles Alexandre de Lorraine, in-4, d'après
Martin de Meytens. Très-belle ép.

95 — P. L. Moreau de Maupertuis, in-fol., d'après
Tournière. Très-belle ép. avec marge.

96 — Catherine Mignard comtesse de Feuquière,
d'ap. *Mignard.* Sup. ép. avec grande marge.

97 — J. F. Chastenet de Puysegur, petit in-fol.,
d'ap. *Tournière.* Sup. ép.

98 — Hyacinthe Rigaud peignant le portrait de sa
femme, in-fol. Superbe ép.

99 **David.** Louis de Bourbon comte de Soissons,
grand in-4, d'ap. *Ferdinand.* Très-belle ép. Rare,
un peu rognée.

100 **Delattre.** Henri Linguet, in-8. Grande marge.

101 **Demarteau.** Carle Vanloo peintre, à mi-corps.
In-fol., manière du crayon. Sanguine.

102 **Demortain** (Chez). 1re et 2e représentation du
sacre de Louis XV, à Reims. 2 p. in-fol.

103 **Desrochers.** Philippe duc d'Orléans de Chartres, fils de feu Philippe de France, frère unique
du roi. In-8. Magnifique ép. avec marge.

104 — A. Godeau — F. de Harlay — Le Camus — Pa-
villon. 4 p. in-8. Très-belles ép. avec marge.

105 — P. Quesnel. — L.-A. de Noailles. Bustes sur
piédouche. Ces deux portraits imp. côte à côte. —
J.-Aug. de Thou. Très-belle ép. — Bassompierre.
3 p.

106 — François Verdier peintre. In-fol., d'ap. *Ranc.*

107 — L.-H. duc de Villars, d'ap. *Rigaud.* In-fol.
Belle ép., avec marge.

108 **Dolivart**. L'Oraison funèbre du prince de
Condé. In-fol. en hauteur et in-fol. en travers.
2 p. d'ap. *Berain.*

109 **Drevet** (Claude). H. Oswald cardinal d'Auvergne. In-fol. d'ap. *Rigaud.* Belle ép.

110 — Ch. Gasp. Guil. de Vintimille archevêque de
Paris. In-fol., d'ap. *Rigaud.* Très-belle ép.

111 **Drevet** (Pierre). Pierre-Vincent Bertin trésorier
général de la Chancellerie, d'ap. *Rigaud.* In-fol.
Très-belle ép.

112 — Hippolyte de Béthune évêque comte de Ver-
dun. In-fol. d'ap. *Rigaud.* Sup. ép. marge.

113 — J. P. Bignon abbé de Saint-Quentin. 2e des
5 états. Très-belle ép. marge.

114 — Ph. de Courcillon marquis de Dangeau. In-fol.
d'ap *Rigaud.* Belle ép. rare.

115 — Louis-Auguste de Bourbon prince de Dombes,
1703, d'ap. *de Troy.* Petit in-fol. Très-belle ép.

116 — Le même personnage, 1706, d'ap. *de Troy.*
In-fol.

117 — B.-H. de Fourcy abbé de Saint-Vandrille. In-
fol d'ap. *Rigaud.* Sup. ép. 1er état.

118 — P. Gillet procureur. In-fol., d'ap. *Rigaud.* Magnifique ép. marge.

119 Drevet. Claude Le Pelletier coutrôleur des finances. In-fol. d'ap. *P. Mignard*. Sup. ép.

120 — Louis XIV, en cuirasse, d'ap, *Rigaud*. Grand
in-fol. Avant-dernier état avec l'adresse de Drevet.

121 — Louis grand dauphin, avec la dédicace à la
princesse de Conti. In-fol. d'ap. *Rigaud*.

122 — J.-M. Mitantier greffier de l'Hôtel de Ville.
In-fol. d'ap. *Largillière*. 2ᵉ état, avec l'adresse de
Drevet. Sup. ép.

123 — Marie de Neuchâtel duchesse de Nemours, à
mi-corps. In-fol. d'ap. *Rigaud*. Magnifique ép.,
toute marge.

124 Drevet (Pierre-Imbert). Ch.-G. Dodun marquis
d'Herbault chancelier. In-fol. d'ap. *Rigaud*. Très-
belle ép.

125 — Dubois cardinal, à mi-corps. In-fol. d'ap. *Rigaud*. Très-belle ép. marge.

126 — Mailly cardinal. Petit portrait in-8 en travers,
d'ap. *Vanloo*. Sup. ép., vrai bijou de gravure.

127 — Louis duc d'Orléans. In-4. Sup. ép. avant les
noms sur la tablette de support.

128 — M. de Tressan archevêque de Rouen, à genoux
aux pieds de la Vierge (pièce dite le Grand Bré-
viaire. Très-belle ép. grand in-4.

129 Duchange. François Girardon de Troyes, sculpteur. In-fol. d'ap. *Rigaud*. Belle ép. marge.

130 Duflos (Cl.). Vue de Dunkerque prise de la mer,
In-fol.

131 — 1711. M. René de Voyer de Paulmy d'Argen-
son, d'ap. *Rigaud*. In-fol.

— 1718. Lé même personnage, l'habit est différent.

132 — François de Laval premier évêque de Québec. In-4. Sup. ép., marge, rare.

133 — Charles de Gondy — Pierre cardinal de Gondy — Jeanne de Scepeaulx. 3 p. in-4.

134 — Louis Tronson supérieur du séminaire de Saint-Sulpice. In-4. Sup. ép. toute marge.

135 **Duflos** (P.). J.-B. Rousseau. In-8.

136 **Duplessis-Bertaux**. Petites vignettes en forme de frises; scènes de la Révolution. 36 p.

137 **Dyck** (D'ap. Van). Schelte a Bolswert, Isabelle-Claire Eugénie, Zegerus. 3 portraits.

138 **Edelinck** (G.). Sainte Madeleine, d'ap. *Ch. Lebrun.* 3ᵉ des 5 états. (R. D. 32).

139 — J.-P. Bignon abbé de Saint-Quentin (150). Magnifique ép. in-fol., marge.

140 — N. de Blampignon curé de Saint-Merry de Paris. In-fol. d'ap. *Vivien* (153). Superbe ép. toute marge.

141 — J.-B. Bossuet évêque de Meaux (156). 1ᵉʳ état. Marge.

142 — Ph. de Champagne peintre (164). 1ᵉʳ état.

143 — Châteaumeillan (**A.-A. de Fradet de Saint-Aoust comte de**) (165). In-fol. en travers, d'ap. *H. Watelé.* Très-belle ép.

144 — J.-B.-M. Colbert archevêque de Toulouse (172). In-fol.

145 — René Descartes philosophe (181). Grand in-4, 1ᵉʳ état.

146 **Edelinck**. Martin vanden Bogaert (dit Desjardins) sculpteur (182). In-fol.

147 — Ch. d'Hozier généalogiste du roi (184). In-fol.

148 — Ab. de Fabert maréchal (199). Grand in-4.

149 — Ferdinand évêque de Paderborn (202). In-4. 1er état. Sup, ép.

150 — A. de Grammont maréchal (220). Grand in-4.

151 — Mme Helyot (223). Avant-dernier état. In-fol.

152 — Mme Helyot. Dernier état. In-fol.

153 — La Fontaine fabuliste, sans le nom d'Edelinck. Grand in-4.

154 — A. Le Fort de la Morinière littérateur (235). In-fol. d'ap. *Tortebat*. Superbe ép.

155 — Ch. Maurice Le Tellier archevêque de Reims (245).

156 — Jules-Paul de Lyonne aumônier du roi (247). Très-belle ép. avant-dernier état.

157 — Louis XIV sur un char traîné par deux lions (251). Jolie petite pièce in-8, 1er état.

158 — Statue de Louis XIV, entouré des grands hommes de son règne (253). 2e état.

159 — Jules Hardouin Mansart surintendant des bâtiments (268). Belle ép., avant-dernier état.

160 — Claude Mellan graveur (272). Grand in-4. Marge.

161 — Raimond Poisson comédien (299). Très-belle ép., avant-dernier état.

162 — Saint-Evremont littérateur (306). In-8. Belle épreuve.

163 — Israël Silvestre graveur (319). Petit in-fol.

164 — Pierre Simon graveur (320). In-fol.

165 — F. Tortebat peintre et graveur (328). In-fol. Marge.

166 — Ant. Arnauld — J.-B. Colbert marquis de Seignelay — Fabert — Herbelot — Solleysel — du Vair — Lamoignon — Sainte Marthe. 8 p. tirées des Grands Hommes de Perrault.

167 **Edelinck** (N.). Gérard Edelinck graveur. In-fol.

168 — B Castiglione. In-4. — Le R. P. Alphonse Rodriguez jésuite, par G.-F. Edelinck. 2 p.

169 **Eillarts** (J.). Albert d'Autriche — Isabelle-Claire Eugénie. 2 portraits in-fol. en bustes, costumes de la plus grande richesse. Très-belles ép. très-rares.

170 **Faber** (P.) de Lyon. Louis le juste (XIII). In-4. Sup. ép. très-rare.

171 **Faithorne**. Cardinal de Richelieu. In-4. Superbe ép. Ce maître est d'une grande rareté.

172 **Fessard**, 1770. Et.-Fr. duc de Choiseul-Amboise, ministre, à mi-corps. In-fol. d'ap. *Vanloo*. Très-belle ép.

173 **Ficquet**. Crebillon — La Fontaine, sur chine — J.-B. Rousseau. 3 p. in-8.

174 — Voltaire, d'ap. de Latour. In-8. Très-belle ép., belle marge.

175 **Firens** (P.). Henri IV. Couronné et en manteau royal. Buste, in-fol. Très-belle et très-rare ép.

176 **Fornazeris**. Marie dè Médicis assise, allégorie, rare, in-4 — assise en pied, in-fol.; au fond, sa réception en Hollande. 2 belles p.

177 **Franco** *forma.* Henri IV tenant le sceptre. In-4.
Sup. ép., rare.

178 — Médaillon d'Henri IV surmontant un sonnet en
italien. Petit in fol. publié à Venise. Sup. ép.

179 **Frosne.** Collection de portraits collés dans un
passe-partout , où se trouvent les armes et titres :
le grand Condé, Gabriel de Chambres, F. d'Este,
Gassion, F. de l'Hospital, Ch. de la Porte, d'Harcourt, A. de Maillé, Mendez, Gaston, F.-Th. de
Savoie, H. de Senectaire. 15 p. in-fol.

180 — Les premières victoires de Louis XIV. Réception de M. le duc d'Enghien par la régente et
Louis XIV enfant. In-fol. en travers. Très-rare.

181 — Catherine-Henriette légitimée de France femme
de Ch. de Lorraine duc d'Elbeuf. In-fol. d'ap.
Vary. Très-belle ép. très-rare.

182 **Galle** (C.). Le Dante entouré de Beatrix, Vir-
gile, le Paradis, le Ciel, etc. In-4. Sup. ép.

183 — Vendôme? Tu peux voir en ce seul portrait la
vertu, l'honneur et la gloire, etc. In-8, d'ap.
V. Horst. Sup. ép.

184 — R.-P. Fourrier de Mataincourt. In-4, dans des
ornements. Sup. ép.

185 **Ganière.** Louis XIII, médaillon entre la Paix et
la Guerre. Grand in-8 en travers. Très-belle ép.

186 **Gantrel** (Et.). D'Humbertus Ancelin évêque de
Tulle. In-fol. d'ap. *Faucier.* Très-belle ép.

187 — Fr. Bouthillier évêque de Troyes, 1681. In-8.
Sup. ép.

188 — Fr. de Camilly abbé de Saint-Pierre-sur-Dive.
In-fol. Très-belle ép.. grande marge.

189 — J. chev. seig. du Bochet et de Courtanvaux.
In-fol., très-belle ép.

190 — Huet évêque d'Avranches, dans un octogone.
In-fol., très-belle épreuve.

191 — Alfonse le Moine de Sorbonne. In-fol. d'ap.
Platemontagne.

192 **Garand**. Aqua forti. G.-Ch. de Lattaignant chanoine de Reims poëte. In-8, marge.

193 **Gaucher**. J.-J. Rousseau, profil in-4, d'après
Vecharigi.

194 **Gaultier** (Léonard). Henri de Bourbon prince de
Condé âgé de quinze ans, à cheval. In-4. Très-
belle ép.

195 — J. Davy cardinal Du Perron. In-8. Belle ép.,
texte au revers.

196 — Le duc d'Espernon. In-8. Gourdelle *excud.*

197 — N. Faber précepteur de Louis XIII. Grand in-8.
Très-belle ép. avec marge.

198 — H. de Gondy évêque de Paris. In-8, marge.

199 — N. de Heere doyen de Saint-Aignan. In-8.

200 — Henri III — Louise de Lorraine douairière. 2 p.
in-4.

201 — Henri IV et sa famille. Très-belle ép. in-fol.
d'une pièce importante et rare, avec quelques
restaurations.

202 — Henri IV vaillant comme David, etc. Grand in-8.

203 — Henri IV. Bustes laurés. In-8, in-4, et à cheval.
4 p. Belles ép.

204 — 1610. Couronnement de Marie de Médicis.
Belle pièce historique d'une grande rareté. In-fol.
Henri IV se voit au fond dans une tribune.

205 **Gaultier**, 1622. Louis XIII. In-4 en travers entouré de fleurs et d'armes.

206 — Marie de Médicis. In-8. (Pièce attribuée.)

207 — Duplessis-Mornay. Grand in-4. Rare.

208 — H. d'Orléans duc de Longueville. Grand in-8. Belle ép. Marge.

209 — Et. Pasquier. Petit in-fol. Sup. ép.—Le même. In-4. Anonyme en contre-partie. 2 p.

210 — P. Ronsard poète. In-4. Belle ép. sans le nom du graveur — en tête du titre de ses OEuvres. In-fol. 1623. Très-belle ép. 2 p.

211 **Gheyn** ? Théodore de Beze. In-4. Belle ép.

212 — Gaspard III de Coligny duc de Chatillon In-4.

213 **Giffart**. P.-F. Sordet. Cordelier 1697. In-fol. Magnifique ép. Marge.

214 **Gole**. Louis duc de Bourgogne. In-4. D'ap. *de Troy*.
— Ludovicus magnus. In-4. D'ap. *de la Haye*.
— Louis grand Dauphin. In-4.
Ces 3 portraits sont en manière noire.

215 **Gole** (J.), Philippe de France duc d'Orléans. In-fol. Très-belle ép.

216 **Goltzius**. Carola Burbonia princesse d'Orange. Très-belle ép. avant (Hh *ex*) Hondius *ex*, à mi-corps. In-4.

217 — La même. Belle ép. avec l'adresse d'Hondius.

218 — La même Femme, dirigée à droite buste dans un ovale. In-12.

219 — Henri IV. Coiffé d'un chapeau. In-8.

220 — Henri IV. Buste. In-fol. Avec adresse d'Herman Adolfz. Très-belle ép.

221 — Christophe Plantin imprimeur. In-4.

222 **Gourmont**. Charles cardinal de Bourbon en pied assis. In-4. Très-belle ép.

223 — (Genre de). Charles cardinal de Lorraine en pied assis. In-4. Peut faire pendant au précédent, étant du même format et se regardant. Très-belle ép.

224 **Goya**. Mœnippus en pied d'ap. *Velasquez*. Petit in-fol.

225 **Granthome** (J.). Henri IV. Ce grand roi que tu vois. In-8. Belle ép. Rare.

226 — Le duc de Lorraine de Mercueur. In-8. Très-belle ép.

227 **Grentel** (M.). F. de Bonne duc de Lesdiguières. Planche ovale. Grand in-8. Très-belle ép. Rare.

228 **Greuter** (Fréd.). Chev. J.-B. Marinus poète. In-4. D'ap. *Simon Vouet*.

229 **Grignon**. César de Vendôme. In-fol. Dans des ornements dessinés par Chauveau. Très-belle épreuve.

230 — Nicolas de Neuville duc de Villeroi gouverneur de Louis XIV. In-fol. Sup. ép.

231 — Françoise de Neuville sa fille. Magnifique ép. In-fol.

232 **Guerineau** *excu*. Anne d'Autriche en pied. In-fol. Très-belle ép.

233 — Gaston d'Orléans en pied. Superbe épreuve. In-fol.

234 Gunst. Antoinette Bourignon née à Lille en **1616**. In-4. Superbe ép.

235 — Saint Evremont. In-4. D'ap. *Parmentier*. Très-belle ép.

236 — Eugène de Savoie. Grand in-fol. Très-belle épreuve.

237 F. H. ingénieur. Bataille de Laffelt en **1747**. In-fol.

238 F. H. Hogenberg? Eléonore fille de Charles V, femme de François Ier, roi de France. In-4. Rare.

239 Habert. Henri Arnauld évêque d'Angers. — Robert Arnauld d'Andilly. 2 p.. In-4. Belles ép.
— J.-N. Colbert archevêque de Rouen. In-4. Sup. ép. avant toute lettre.
— Ch. de Condren de l'Oratoire. In-4. Superbe épreuve.
— Jean Doujat, académicien. In 4. Sup. ép.

240 Hainzelman. N. de Blegny médecin artiste du roi et de Monsieur. In-8. Magnifique ép. Toute marge.

241 Halbeeck. Henri IV à cheval, 1er état, avec *Henry de Bourbo IIII roy de Fra. et de Nav.* en auréole. Petit in-fol. Très-belle ép. J. Le Clerc excudit. — Le même l'Auréole effacée. 2 p.

242 Haussard. Bataille de Fridelingue. Grand in-fol.

243 Hollar. Henriette-Marie de France reine d'Angleterre. In-4 d'ap. *Van Dyck*. Superbe ép.

244 — Alathé Talbot comtesse d'Arundel. Petit in-fol. d'ap. *Van Dyck*.

245 **Hondius**. Guil. Farel. In-4.
— Henri IV. In-4. Marge.
— Duplessis Mornay. Grand in-8. Superbe ép.
Marge.
— Jean de Ney commissaire général des Corde-
liers. 2 portraits différents à 39 et 40 ans. In-4.
— Jeannin et autres ambassadeurs. 18 portraits
ensemble sur la même planche. In-fol.
246 **Hooghe**. Bataille d'Aumale. — Siége de Corbel.
2 p. in-fol.
247 **Hubert**. Marins célèbres. Jean Bart. — Duguay-
Trouin. — Etanduere. — Toulouse. — Tourville.
5 p. grand in-8, toute marge.
248 **Hulle** (D'ap. Van). Louis XIV. In-fol.
249 — Le duc et la duchesse de Longueville. 2 p.
avant les numéros. Sup. ép. Petit in-fol.
250 — Avaugour. — Mesmes. — Servient. — Turenne.
4 p. petit in-fol. Sup. ép avant les numéros.
251 **Humbelot** ex. Ph. de La Motte Houdancourt
surmontant des emblèmes et ses armoiries. Petit
in-fol. Très-belle ép.
252 **Huret**. Fr. de Larochefoucault cardinal. Sup.
ép. in-4 avant la lettre.
253 — Louis XIII et Henri IV. Sur le titre des guerres
civiles de Davila. Petit in-fol.
254 — Mazarin cardinal. In-fol. Magnifique ép.
255 **Isac** (Jaspar). Nic. Bénard parisien, voyageur.
In-8.
— Besly avocat amateur d'antiquités. In-4.
— Michel de Castelnau de Mauvissière. In-4.
— Charondas le Caron jurisconsulte. Petit in-fol.

— P. Danes ambassadeur de François Ier au concile de Trente. In-4.

— Charles Loyseau avocat. 1er état. In-4 superbe.

— Le même l'inscription coupée. 2 p.

256 Janinet. Henri IV, profil. Ovale en couleur d'ap. *Rubens*. Petit in-fol.

257 Jeaurat. Entrevue de Louis XIV et Philippe IV.
— Mariage de Louis XIV et Marie-Thérèse. 2 p. in-fol. d'ap. *Le Brun*.

258 Jode (P. de). L. de Bourbon Condé, autre par Steen. — Claire-Clémence de Maillé Brezé sa femme. 4 portraits in-4. Très-belles ép.

259 — Anne d'Autriche, autre en veuve. In-4. — Louis XIII. Petit in-fol. 3 p.

260 — François Ier roi de France. In-4. Autre dans un entourage orné. 2 p. Très-belles ép.

261 — Henriette-Marie de Bourbon femme de Charles Ier. In-fol. d'ap. *Van Dyck*.

262 — Isabelle Claire-Eugénie au-dessus de son mausolée. Petit in-fol.

263 — Henri-Florent. Laurin écuyer. Petit in-fol. Très-belles ép. avant l'inscription sur la tablette.

264 — Comte d'Harcourt, Henri de Montmorency, Charles de Valois. 3 p. In-4. Très-belles ép.

265 Jollain P. Raoul seigneur de Guibourgere conseiller de Bretagne, puis 1er évêque de La Rochelle. In-fol. très-rare.

266 Kieser. César Baronius cardinal. Petit in-fol.

267 Kilian (W.). Louis XIII. — Ph. Em. de Lorraine duc de Mercœur. 2 p. in-4. Sup. ép.

268 **Laignel** *del. et sculp.* 1715. P. Bayle fut professeur de philosophie à Sedan. In-8. Très-rare.

269 **Landry**. 1660. Le comte d'Harcourt. In-fol.

270 — 1662. Henri IV de face et lauré. In-4. Sup. ép.

271 — 1661. Eustache de La Saile, correcteur des comptes. In-fol. d'ap. *C. Le Fevre*. Belle ép. Marge.

272 — 1666. Guillaume le Boux, évêque de Périgueux D'ap. *Dieu*. In-fol. Très-belle ép.

273 — 1665. Louis XIV lauré. Charmant portrait in-8 d'ap. *F. Franciscain*. Superbe ép. avec une petite marge.

274 — 1666. Louis XIV lauré. In-fol. d'ap. *F. Franciscain*. Superbe ép., marge.

275 — La Baronne de Neuvillette. In-4. Sup. ép.

276 **Langlois**. Julien Gardeau, curé de Saint-Étienne-du-Mont. In-4, d'ap. *Lombard*.

277 **Larmessin**. Les Rois de France depuis Pharamond jusqu'à Louis XIV. 63 portraits in-4. Vol. veau.

278 **Larmessin** (N. de). Claude Hallé peintre. In-fol. d'ap. *Legros*. Très-belle ép.

279 — Louis XV. — Marie Leczinska. 2 portraits d'ap. *Vanloo*. Superbes ép., grandes marges.

280 — Turenne. In-4, dans un entourage de Meissonier.

281 — Robert Gaguin. — Ollivier de la Marche. 2 portraits in-4, toute marge.

282 **La Roussière** (de) *del. et sculp.* Gaspard de Saulx de Tavannes. Grand in-4. Rare,

283 **Lasne** (Michel). Anne d'Autriche sur un bouclier soutenu par la France. In-fol. Belle ép. Rare.

284 — Balthazar Baro, gentilhomme de Mlle de Montpensier. In-8

285 — F. de Bassompierre. In-fol. Très-belle ép.

286 — Cardinal de Berulle à mi-corps. Petit in-fol.

287 — L. Sr du Maine baron de Chabans. In-4.

288 — Humbert de Chaponay maître des Requêtes. Petit in-fol. Très-belle ép.

289 — N. Chevalier premier président de la cour des Aides. In-4. Très-belle ép.

290 — Gaspard de Coligny de Châtillon. In-fol. Très-belle ép.

291 — Ch. Marg. de Montmorency princesse de Condé en veuve. In-4. Très-belle ép.

292 — Corneille (Pierre). In-4. Très-belle ép. Rare.

293 — Ch. Sire de Créquy et de Canaple. In-4. Très-belle ép.

294 — J.-B. Gault évêque de Marseille. In-4. Rare.

295 — Sébastien Hardy, trésorier au Mans. In-4. Sup. ép.

296 — Samuel Durand pasteur de Paris. In-8.

297 — J.-L. de Lavalette d'Epernon gouverneur de Metz. In-fol. Très-belle ép.

298 — Fr. de Larochefoucault cardinal. In-fol. Très-belle ép.

299 — F. de Bonne duc de Lesdiguières connestable. In-4.

300 — Michel Le Tellier chancelier. In-fol.

301 — Louis XIII dans un entourage orné, coupé. In-4.

302 — Louis de Marillac maréchal. In-fol. Superbe épreuve.

303 — Michel de Marillac chancelier. In-fol. Superbe épreuve.

304 — Henri de Maupas du Tour aumônier de la reine. In-fol. Très-belle ép.

305 — Mazarin. Médaillon soutenu par un aigle au milieu des vents, d'ap. *Champagne*. Très-belle p. in-fol., rare.

306 — Mazarin dans un encadrement d'architecture avec caryatides. Superbe ép., rare.

307 — Henri de Mesmes président à Mortier, in-fol.

308 — Zongus Ondedeus évêque de Fréjus, in-fol.

309 — Père Louis Petit maître des ordres de la Sainte-Trinité, in-4, rare.

310 — Puget de la Serre, in-4. — Et petit in-fol., 2 p. Très-belles ép., rares.

311 — Fr. Quesnel peintre, in-4. Très-belle ép.

312 — Richelieu cardinal, son portrait sur un chevalet, entouré des génies des Arts, in-fol. en travers. Très-belle ép.

313 — Duc de Richelieu cardinal, in-fol. Superbe ép.

314 — Richelieu en pied, la main gauche sur un livre devant la statue de Minerve, in-fol. Très-belle ép. (Attribué.)

315 — Dominique Seguier évêque de Meaux, in-fol. Très-belle ép.

316 — Abel Servient, in-fol.

317 — Henri Sponde évêque de Pamiers, in-fol.

318 **Lasne** Claude Thuet docteur de théologie, in-4.

319 — Gaillote de Vaillac religieuse de l'ordre de Saint-Jean-de-Jérusalem, in-8. Magnifique ép.

320 — Abbé mitré, A. T. C., pour armoirie une étoile dans le haut d'un écu écartelé, in-fol. Superbe ép.

321 **Lebas** (J.-Ph.). 1733. Arrivée du roi au Havre, — Le roi sur le haut d'Ingouville. — Carenne d'un navire. — Lancement de trois navires. — Le roi étant sur le balcon des casernes de la marine du Havre voit les manœuvres et une joute. 5 p. in-fol., d'ap. *Descamps*.

322 **Lebëau.** Bossuet, — L.-F. prince de Conti. 2 p., grand in 8, marge.

323 **Le Clerc** le jeune (A.). P. Pomet droguiste, in-fol.

324 **Le Clerc** (S.). Défaite de l'armée espagnole près le canal de Bruges, en 1667, d'après *C. Lebrun*, Louis XIV commande. Très-belle ép., in-fol.

325 **Lefebure** pinxit et sculpsit. Charles Patin docteur médecin., petit in-fol. Très-belle ép.

326 **Le Mire.** Lafayette. — Washington. 2 portraits en pieds, d'après *Le Paon*. Très-belles ép., grande marge.

327 **Lempéreur.** P.-L. Buirette de Belloy académicien. Médaillon soutenu par des figures allégoriques, in-fol., d'ap. *Jollain*.

328 — Madame du Chastelet, in-4, d'ap. *Monnet*. Toute marge. Sup. ép.

329 **Lenfant**, 1664. Claude Jegou président à Rennes, in-fol. Sup. ép. signée *P. Mariette, 1669*.

330 — Guillaume de Nesmond maître des requestes, in-fol. Sup. ép.

331 **Lepautre**. Plan et profil de la ville et château de Namur avec le siége en 1692, in-fol. — Avec les ouvrages ajoutés depuis la prise. 2 p., in-fol. Très-belle.

332 **Lépicié**. Charles Richer de la Morlière, d'ap. *De la Tour*, in-fol. Très-belle ép.

333 — Philibert Orry ministre, etc., in-fol., d'ap. *Rigaud*. Très-belle ép., marge.

334 **Le Roy**. Pierre Hallé professeur, in-4, d'ap. *Colombele*.

335 **Leu** (Thomas de). Jeanne d'Albret, in-8, dirigée à gauche, autre copie en ovale dirigée à droite.

336 — Charles de Gontaut Biron, in-8. Sup. ép.

337 — Catherine de Bourbon sœur unique du roi, in-4.

338 — Charles de Bourbon connétable, in-8. Très-belle ép.

339 — Ch. de Bourbon Soissons. — Ch. de Bourbon cardinal de Vendôme. 2 p. in-8.

340 — Henri de Bourbon Condé, âgé de neuf ans. — Agé de dix ans, par *Gheyn*. — Agé de douze ans, par *Th. de Leu*. 3 p. in-8. Belles ép.

341 — Antoine Caron de Beauvais peintre, in-12. Superbe ép.

342 — M. de Castelnau de Mauvissière, in-8.

343 — Charles IX. — Elisabeth d'Autriche. 2 p. in-8.

344 — Charles IX. — La reine Elisabeth, par *Granthome*. 2 p., in-8.

345 — Eléonore d'Autriche, — d'Epernon. 2 p., in-8.

346 — Gabrielle d'Estrées, in-8.

347 **Leu** (Th. de). François II. Faible ép. avant la retouche, in-8.

348 — Le même retouché, gr. marge, texte au revers.

349 — François duc d'Anjou, grande marge, texte au
revers.

350 — Ch. de Gonzague duc de Nevers, etc., in-8.
Magnifique ép.

351 — N. Habicot maître chirurgien juré à Paris, in-8.
Magnifique ép., petite marge.

352 — Henri II roi de France, grande marge, texte au
revers.

353 — Henri III, grande marge, texte au revers. —
Louise de Lorraine, 2 p., in-8.

354 — Henri IV à cheval. — Sur son trône tenant un
sceptre de chaque main. 2 p., in-4.

355 — Henri IV, autre à quarante-neuf ans, à genoux,
autre sa femme à genoux. 4 p.

356 — Gentien Hervet, né à Olivet, chanoine de Reims.
Magnifique ép., in-4.

357 — Ducs de Joyeuse et d'Epernon. 2 portraits,
grande marge, texte au revers.

358 — Fr. de Bonne de Lesdiguières, in-8, belle ép.

359 — Charles de Lorraine duc d'Aumale, in-8, rare.
Les angles sont coupés.

360 — Henri de Lorraine le Balafré, grande marge,
texte au revers.

361 — Henri de Lorraine marquis du Pont, in-8. Très-
belle.

362 — Louise de Lorraine princesse de Conti, in-8.

363 — Ph.-Em. de Lorraine duc de Mercœur, in 8.
Belle ép.

364 — Catherine de Médicis, in-8. Avant la retouche.

365 — Henri duc de Montmorency. — Le même en connétable à soixante-quatre ans. 2 p. in-8.

366 — Pierre Pigray médecin d'Henri IV, in-8. Belle.

367 — Simon Poncet poète, né à Melun, secrétaire du chevalier d'Aumale. Magnifique ép., in-8.

368 — Bénédictus Arétius, Joyeuse, Servin, 3 p., in-8.

369 **Levachez**. Hommes célèbres tirés des tableaux de la Révolution. 45 p., in-fol.

370 **Liefrinck**, *cxud*. Isabelle de France reine d'Espagne, en pied, en riche costume, petit in-fol. Très-rare.

371 **Lisebetius** (P.). Anne-Marie reine d'Espagne, in-4. Très-belle ép.

372 **Lochon** (R.). J.-Aug. de Thou président, petit in-fol. Sup. ép., d'ap. *Du Moustier*.

373 **Lochon** (Michel Van). L. de Bourbon Soissons. — César de Bourbon Vendôme. — Jean de Saint-Bonnet de Toiras. 3 portraits ovales, in-12.

374 **Lochon** (Genre de). Henri-le-Grand. — Henri II de Montmorency. 2 p., in-8.
— Gaspard de Coligny. — Maximilien de Béthune baron de Rosny, etc. 2 p. in-8.
Louis XIII. — Cardinal de Granvelle. 2 p., in-8.

375 **Lombart**, 1663. Antoine de Grammont maréchal, in-fol , d'ap. *Vaillant*. Très-belle ép.

376 — Vincent Nevelet conseiller, in-fol. Magnifique ép , marge.

377 **Lommelin** (A.). Cardinal du Perron, petit in-fol., et le même in-8, 2 p.

378 **Louys** (I.). Louis XIII. — Anne d'Autriche.
2 portraits, in-fol., d'ap. *Rubens*. Sup ép.

379 — Thomas de Savoie, d'ap. *Van Dyck*, in-fol.
Sup. ép.

380 — Philippe IV roi d'Espagne, d'ap. *Rubens*. —
Ferdinand son frère, par Sompel, d'ap. *Van Dyck*.
2 p., in-fol.

381 **Lubin** (J.). Seb. de Pontaut de Beaulieu ingénieur. In-4. Sup. ép. Belle marge.

382 — Camus évêque de Bellay, Ballin, Dupuy, La-
porte, Malherbes, Pagan, Sarrasin, Voiture, Turenne. 10 p. Grand in-4. Tirés des Grands Hommes
de Perrault.

383 **Mallery**. Allard auteur de la Gazette de France.
In-8 d'ap. *Du Monstier*. Très-belle ép. Rare.

384 **Marcenay** (de). Bayard. In-8 avant toute lettre
Superbe ép. Marge.

385 — Henri comte de Berghe. In-4 d'ap. *Van Dyck*.
Très-belle ép.

386 — Bethune duc de Sully. In-8. Marge. — Autre
par anonyme. In-4. Doit être Gusman. 2 p.

387 — Charles VI roi de France. Magnifique ép. avant
la lettre, le nom de l'artiste à rebours à la pointe.
In-8. Marge.

388 — Charles VII. Avant toute lettre. Magnifique ép.
In-8. Marge. Le même avec la lettre. Très-belle
ép. 2 p.

389 — Henri IV. Très-belle ép. In-8.

390 — Jeanne d'Arc. Sup. ép. In-8 avant toute lettre.

391 — Le Goux de Gerland historien. Superbe ép.
In-4 avant toute lettre.

392 — Michel de l'Hopital. Magnifique ép. in-8 avant toute lettre. Marge. — La même ép. avec la lettre sur chine. **2 p.**

393 — Victor marquis de Mirabeau (dit l'ami des hommes). Très-belle ép. Grand in-4. **Marge.**

394 — Pascal Paoli en buste. In-8. Sup. ép. avant toute lettre.

395 — Maxime de Chatenet marquis de Puysegur. In-4. Magnifique ép. avant toute lettre. Très-rare.

396 — Eug. de Savoie. Très-belle ép. — Maréchal de Saxe sur chine. 2 p. In-8.

397 — Le Président de Thou. In-8. Magnifique ép. avant toute lettre. Marge.

398 — Turenne. In-8. Superbe ép.

399 — Maréchal de Villars. In-8. Sup. ép., toute marge. — Le même par *Schmidt*. In-8. Marge. Très-belle ép. **2 p.**

400 **Mariette** *excu.* Henri de Bourbon prince de Condé. Petit in-fol. Très-belle ép.

401 **Marot**. Le *Te Deum* chanté à Notre-Dame. In-fol.

402 **Massé**. Louis XIV. Médaillon soutenu par Minerve, d'ap. *Coypel*. Sup. ép. in-4.

403 **Masson** (Ant.). Louis Verjus comte de Crécy (R. D. 23.). In-fol. Belle ép.

404 — P. Dupuis peintre de fleurs. (R. D. 25.) In-fol.

405 — H. de Lorraine comte d'Harcourt (dit le Cadet à la perle) (34.). In-fol. Très-belle ép.

406 **Masson**. O. Lefevre d'Ormesson maître des
requestes (58). Très-belle ép. In-fol.

407 — Guy Patin médecin, 2ᵉ état avant l'adresse du
graveur (59). In-4.

408 — Antoine Turgot de Saint-Clair maître des requêtes (66). In-fol. Très-belle ép.

409 **Masson** (Madeleine). M. le duc de Bourgogne
emmailloté sur son lit. Grand in-fol. Belle ép.

410 **Matham**. Anne d'Autriche veuve en pied assise.
Petit in-fol. avec vers de Laserre, au bas.

411 — Joachim Hollandus légat en Angleterre. Sup.
ép. signée *Mariette* 1674. In-4. Superbe ép.

412 — Julius Aysonius Husinga. In-4, d'ap. *Rossum*.
Superbe ép. avant toute lettre.

413 — Louis XIII entouré de figures allégoriques.
Grand in-4.

414 — T'leest al van den Velde écrivain. In-4, toute
marge.

415 **Mathonière** (N. de) et autres dans son genre.
Charles. — François. — Henri de Bourbon. 4 p.
Grand in-8.

416 — Henri IV. En ce temps outrageux, etc. Grand
in-8.

417 — Henri de Lorraine de Chaligny. — J.-B. Gaston de Bourbon frère du roy. 2 p. Grand
in-8.

418 **Mechel**. Mausolée du maréchal de Saxe. In-fol.
d'ap. *Pigale*.

419 **Melar**. Maria Theresia femme de Louis XIV.
In-4. Publiée à Anvers 1659. Rare.

420 **Mellan**. Anne d'Autriche en veuve. In-fol.
Superbe ép.

421 — La même médaillon soutenu par la France
près d'un tombeau. In-fol. en travers.

422 — La même allégorie titre des vues d'Italie. in-8,
par Schmidt dans un encadrement rocaille. In-4.
2 p.

423 — L. Berrier conseiller. In-4, 1er état.—Le même
réduit in-8. 2 p.

424 — Henricus Blacvodeus, médecin. Magnifique ép.
avec neuf lignes latines au bas. Rare. Grand
in-8.

425 — Armand de Bourbon Conti étant jeune en abbé.
In-fol. Très-belle ép.

426 — Victor le Bouthillier archevêque de Tours.
In-fol. Très-belle ép.

427 — Coeffeteau suffragant à l'évêché de Metz. Magnifique ép. Petit in-fol., d'ap. *Dumoustier*.

428 — L. Marie de Gonzague reine de Pologne. In-fol.
Superbe ép.

429 — H.-L. Habert de Montmor. Superbe ép.
In-fol.

430 — Mad. Henriette Anne princesse de la Grande-
Bretagne buste sur piédouche. In-4, 1er état. Rare.
— La même réduite in-8. 2 p. Superbes ép.

431 — Le Père Joseph capucin. In-8. Sup. ép.

432 — Louis XIII à cheval, sur le titre Nova cognita-
tio, etc. In-fol. Sup. ép.

433 — Agathe de Chatillon épouse de Cl. de Marolles.
— Abbé M. de Marolles. — La Mothe Levayer.
3 p. in-4. Très-belles ép.

434 — Mazarin cardinal. In-8. Très-belle ép.

435 — Mazarin. In-fol. Très-belle ép.

436 — Mazarin. In-fol. Entourage orné (dans le genre de Mellan).

437 — Henri de Mesmes. In-fol. Très-belle ép.

438 — Louis d'Orléans ligueur. Petit in-fol. Sup. ép. d'ap. *J. Legrain Polo.* 1622.

439 — Claude de Rebe archevêque de Narbonne. Petit in-fol. Sup. ép.

440 — Richelieu cardinal à genoux devant la Vierge. In-4. Sup. ép. avant l'inscription sur le livre.

441 — Richelieu cardinal à mi-corps écrivant, au fond le siége de la Rochelle. Très-belle ép. (on dit avant l'écriture sur le livre).

442 — Richelieu cardinal en buste. In-4. Magnifique ép. de la plus belle condition (*ex officina C. Mellani*).

443 — Ronsard avec sa maîtresse en regard. In-4 en travers. Sup. ép.

444 — P. Séguier chancelier. In-fol. Sup. ép.

445 — L. Em. de Valois d'Angoulème médaillon entouré de figures allégoriques. Superbe épreuve. In-fol.

446 — Anne de Levy Ventadour archevêque de Bourges. In-fol. Très-belle ép.

447 — Madeleine Corvina, Fabri de Peiresc, etc. — Molé, cardinal Bentivoglio et autres. 6 p.

448 **Meurs**, André Rivet, savant protestant. In-4.

449 **Meyssens** ? Louis XIV. In-4. 1668.

450 **Miele** (J.). Prise de la ville de Bonn par le prince de Chimay en 1588 (B. 6.). Très-belle ép. — Berca ad Rhenum capta 1589. — Nouesy expugnatio 1587. Ces 2 dernières sont du même ouvrage mais probablement pas du maître. 3 p. In-fol.

451 **Miger**. Henri de Bourbon prince de Condé. In-4. Marge.

452 **Moette**. Le Grand Condé à cheval. Petit in-fol., d'ap. *Godefroy* avant toute lettre. — Le même avec la lettre. 2 p.

453 **Moitte**. Jean Restout peintre. In-fol., d'ap. *de Latour*. Très-belle ép. Marge.

454 **Moncornet**. Antoine de Grammont à cheval. In-4.

455 — Henri IV à cheval. In-4. Très-belle ép.

456 — Anne-Marie-Louise d'Orléans Montpensier, in-4, à cheval. Rare.

457 — Louis XIII. — Henri d'Orléans Longueville, 2 p. in-8, avec entourages ornés. Très-belles épreuves.

458 — Louise-Marie de Savoye Nemours reine de Portugal. In-4 octogone. Sup. ép. Rare.

459 **Morghen** (Raphaël). Louis XVIII roi de France. In-8. Superbe ép. avant toute lettre. — Le même anonyme, avec la lettre. 2 p. avec marge.

460 **Morin** (J.) Anne d'Autriche reine régente (R. D. 40.). Superbe ép., d'ap. *Ph. Champigne*.

461 — Cardinal Guido Bentivoglio, d'ap. Van Dyck 1623 (43.). Magnifique ép.

462 — J.-P. Camus évêque de Bellay (49). Magnifique ép. avec marge.

463 **Morin**. N. Chrystin , d'après *Van Dyck* (51.) .
Superbe épreuve.

464 — Honorine de Grimberghe comtesse de Bossu,
d'ap. *Van Dyck* (56.), 1ᵉʳ état. Sup. ép.

465 — Marguerite Lemon maîtresse de Van Dyck
(62.),

466 — Louis XIII roi de France, d'ap. *Ph. Champaigne* (64.). Sup. ép.

467 — Le même la planche coupée en ovale et im-
primée dans le passe-partout de Bligny.

468 — Longueil marquis de Maison président (65.),
d'ap. *Champaigne*. Belle ép.

469 — Christophe de Thou président (78.). Sup. ép.

470 — Jacques Tubeuf président de la chambre des
comptes, d'ap. *Champaigne* (80.).

471 — Charles de Valois duc d'Angoulème, d'ap.
Champaigne (81.). Superbe ép.

472 — Nicolas de Neufville marquis de Villeroy (87.),
d'ap. *Ph. Champaigne*. Superbe ép.

473 **Muller** (F.). M. Desjardins sculpteur. Grand
in-4. Marge. In-fol.

474 **Muller** (J.-G.). Louis Lerambert. In-fol., d'ap.
Simon Belle. Ep. avec marge.

475 **Nanteuil**. Jacques Amelot président de la cour
des Aides (R. D. 19.), 1ᵉʳ état. Rare.

476 — Antoine Barberin cardinal archevêque de
Reims (30.). Superbe ép.

477 — Pompone de Bellièvre président (36.), avec les
deux lignes latines au bas. Très-belle ép.

478 — Bochard-de-Saron chanoine de l'Eglise de
Paris (42.). Très-belle ép.

479 — Victor le Bouthillier archevêque de Tours. In-
fol. en travers (56). Très-belle ép.

480 — J. Chapelain académicien (60). Belle ép.,
avant-dernier état.

481 — Christine reine de Suède (67). Très-belle ép.,
marge.

482 — Pierre de Cambout cardinal de Coislin (69).
1er état. Très-belle ép., marge.

483 — Pierre du Cambout cardinal de Coislin (70).
1er état.

484 — Jean Dorieu président de la cour des Aides
(84). Sup. ép.

485 — J.-L. Ch. d'Orléans Longueville comte de Du-
nois (86). Sup. ép.

486 — Bernard de Foix de la Valette duc d'Épernon
(91), avant les noms sur la bordure. Belle ép.

487 — H. Feret grand vicaire de Paris (95). 1er état.
Très-belle ép.

488 — Melchior de Gillier maître d'hôtel du roi (102).
Très-belle ép.

489 — Guenault médecin de la reine (105). Très-
belle ép.

490 — L. Hesselin, maître de la chambre aux Deniers
(110), avec le nom sur la face de la console.

491 — P. Lallemant, prieur de Sainte-Geneviève (117).
1er état.

492 — Michel Le Masle chanoine de Paris (126).
1er état. Très-belle ép.

493 — Michel Le Tellier chancelier (128), avec les
noms des artistes.

494 Nanteuil. Michel Le Tellier chancelier (134).
1er état octogone. Superbe ép.

495 — J.-P. de Lyonne abbé de Marmoutier (147).
1er état. Superbe ép.

496 — Louis XIV (153). 1er état, un peu rogné du bord.

497 — M.-J.-B. de Savoie-Nemours duchesse de Savoie (169). 1er état rare. Superbe ép.

498 — Michel de Marolles amateur d'estampes (171).
1er état.

499 — Mazarin cardinal (174)—(184). 2 p. en 1er état.
Mauvaise conservation.

500 — F. Molé abbé de Sainte-Croix de Bordeaux et
maître des requêtes (195). Superbe ép.

501 — Henri de Savoie duc de Nemours (199). 1er état.
Très-belle ép.

502 — F. Nesmond évêque de Bayeux (202). 2^c des
4 états. Superbe ép.

503 — Ferdinand de Neufville évêque de Chartres
(203). Avant-dernier état. Superbe ép.

504 — N. Potier de Novion président (206). 2^c des
4 états. Superbe ép.

505 — André le Fevre d'Ormesson (209). 1er état.
Très-belle ép.

506 — P. Payen-Deslandes abbé de Saint-Martin, etc.
(210). Superbe ép.

507 — F.-R. Sarrazin homme de lettres (220). In-4.
Belle ép.

508 — Georges de Scudéri académicien (221). 1er état.
Superbe ép.

509 — Pierre Seguier chancelier (223). Avant-dernier
état. Superbe ép.

510 — François Servien évêque de Bayeux (225). 1er état. Superbe ép.

511 — L.-F. de Suze évêque de Viviers (227). 1er état?

512 — Mme de Bragelonne (57) coupée à l'ovale — Blondeau (40) — Le Coigneux (125) — Michel Letellier (128) — Jules-Paul de Lyonne (147). 5 p.

513 **Noblin**. Ph. Howard cardinal de Norfolk. In-fol.

514 **Odieuvre** (suite d'). Duc de Bourgogne, Du Perron, Epernon, Fléchier, Jouvenel des Ursins, Villeroy, Villars de Brancas. 8 p. in-8.

515 **Orlandi** *formis* 1600. Marie de Médicis. In-4.

516 **Oudry**. Le Chevreuil forcé — le Renard vaincu — le Loup aux abois. 3 p. Belles ép. avec : Chez *Huquier*.

517 **Pas** (Crispin de). Cardinal Albornos. In-8. Signé : *Mariette 1678*.

518 — Henri IV. In-8, d'ap. *C. Utembroug*. Magnifique ép.

519 — Henri IV. In-8 dans un rond — Autre, in-4, en travers, couronné par deux anges — En regard du pape avec la colonne dressée à Rome — Avec sa femme, profil superposé, pour revers les armoiries. Ces 2 p. ovales sur une planche d'argent, par *Sim. de Pas*. En tout 5 p.

520 — René de Laudonnière voyageur en Amérique. In-8. Sup. ép.

521 — Menou de Charnizay, écuyer du roy. In-4. Superbe ép., grande marge.

522 **Pas** (Simon de). Ant. de Pluvinel écuyer maître
du roi. In-4. Très-belle ép., marge. — Le même,
contre-partie. 2 p.

523 **Patas**. Médaillons de Louis XVI et Marie-Antoinette sur un autel entourés de figures allégoriques.
In-4. Sup. ép., toute marge.

524 **Pauli** (André). La ville de Nordlingen assiégée
par les Impériaux.

525 **Pécoul** (Chez). Saint Louis roi de France age-
nouillé devant l'apparition de la Vierge. In-4.
Sup. ép.

526 **Pelée**. Bernardin de Saint-Pierre. Grand in-8,
d'ap. *Lafitte*. Sup. ép. chine avant la lettre.

527 **Perelle**. Vues de Paris. 30 p.

528 — Vues de France, châteaux, maisons royales,etc,
57 p. 2 lots.

529 — Vues d'Italie. 27 p.

530 — Vue de Landeau, surmontée du portrait du
grand Condé. In-fol.

531 — Paysages et Marines. 58 p.

532 — Vues de Landau, Mayence, Philisbourg, Rouen·
6 p.

533 **Pesne**. Nicolas Poussin. In-fol. R. D. 6. 2ᵉ état.

534 — N. Poussin. Grand in-4. R. D. Appendice.
2ᵉ état. Très-belle ép.

536 **Petit**. Boileau — L.-F. de Bourbon-Conti —
F. Chereau — A.-J. prince de Rohan archevêque
de Reims. 4 p. in-8.

537 **Picart** (B.). Henri de Lorraine duc de Guise.
In-4 avant toute lettre. toute marge.

538 **Picart**. Henri Frison prince d'Orange. Grand
in-8 en travers, frontispice, allégorie.

539 — Le duc d'Orléans régent. Petit in-fol. en travers.
Médaillon entouré de figures allégoriques, d'ap.
A. Coypel. Très-belle ép.

540 — Roger de Piles amateur des arts. Petit in-
fol.

541 — Eugène de Savoye, In-fol. d'ap. *J. Van Schuppen*.

542 — L'abbé de Villiers. Charmante pièce in-8 pour
titre de ses OEuvres, en vers. Magnifique ép., toute
marge.

543 **Picart** le romain. H.-Ch. Arnaud de Pomponne
abbé de Sainte-Mayence. In-fol.

544 — Christine reine de Suède. Grand in-4, marge.

545 — Stanislas Jablonowski, 1691. In-4. Belle ép.

546 — P. Loisel curé de Saint-Jean-en-Grève. In-fol.
— Le même, in-4, par *Langlois*. 2 p.

547 **Picart** (Jean). J. d'Auzolles de la Peyre gentilhomme d'Auvergne. Grand in-4, rare. Le papier
blanc sur lequel il va écrire est ajouté.

548 — H.-L. de Chasteigniers de la Rochepozay évêque de Poitiers. In-4. Très-belle ép.

549 — P. de Fabry procureur. In-8. Très-belle ép.

550 — Louis XIII. Buste sur un piédouche dans une
niche d'architecture — A cheval, titre des 8ᵉ et
13ᵉ tomes du *Mercure*. 3 p.

551 — Pierre Séguier chancelier. In-4. Superbe ép.

552 **Picquet**. François de Molière sieur d'Essertines
âgé de dix-huit ans. Grand in-8, d'ap. *du Moustier*.
Sup. ép., marge.

553 Picquet. N. Richelet parisien , commentateur des ouvrages de Ronsard. In-4, marge.

554 Persoy (Pierre). Attaque de castel. Petit in-fol.

555 Pilsen (F.). J. marquis de Castelnau. In-fol.

556 Pitau. Bossuet. In-8 en travers. Belle ép.

557 — 1667. H.-L. Habert de Montmor doyen des maîtres des requestes. In-fol. d'ap. *Ph. de Champagne*. Sup. ép., grande marge.

558 — 1662. Marie-Thérèse d'Autriche reine de France. In-fol., d'ap. *Beaubrun*.

559 — Alexandre Petau conseiller. In-fol. d'ap. *Le Fevre*. Très-belle ép.

560 — Pierre Seguier chancelier, grandeur naturelle. In-fol. d'ap. *Plattemontagne*. Très-belle ép.

561 Poilly (F.), abbé mitré Dominiquin? pour armoirie ; deux crosses en sautoir sur un champ fleurdelisé. Superbe ép., petit in-fol.

562 — 1664. Jérôme Bignon conseiller. In-fol.

563 — P. de Fermat conseiller au parlement de Toulouse. In-fol. Sup. ép.

564 — Louis II de Bourbon-Condé (dit le Grand). In-fol.

565 — Louis XIV étant jeune. In-fol. d'ap. *Mignard*. In-fol., 1660. Sup. ép.

566 — Louis XIV étant jeune. In-fol. d'ap. *Georgius P. Minorita*. Très-belle ép.

567 — Philippe d'Orléans frère du roi étant jeune, d'ap. *Nocret*. In-fol. Très-belle ép.

568 — Ph. d'Orléans plus âgé. In-fol. d'ap. *Nocret*. Très-belle ép.

569 — Mazarin. Buste sur un arc triomphal. In-fol.
— Médaillon soutenu par deux mains. In-4. 2 p.

570 — Anne de Rohan princesse de Guéménée. In-fol. entourée de figures allégoriques. Très-belle ép. Rare.

571 **Poilly** (N.). Henri-Jules de Bourbon duc d'Enghien, fils du grand Condé. In-fol. Belle épreuve collée.

572 — Basile Fouquet. In-fol. Belle ép.

573 — Guil. de Lamoignon. In-fol. d'ap. *Lebrun.* Grandeur naturelle. Très-belle ép.

574 — Michel Le Tellier chancelier. In-fol. Très-belle ép.

575 — Louis XIV couronne en tête. Médaillon soutenu par la France et entouré des Génies des Arts. Grand in-fol. d'ap. *Chauveau.* Sup. ép.

576 **Poilly** (N.-J.-B.). F.-X. Duplessis, jésuite-missionnaire né à Québec. In-8. Sup. ép.

577 **Ponce.** Les Illustres Français, tableaux historiques d'ap. les dessins de *Marillier.* 4 p. in-fol., volume.

578 **Pontius** (P.). Andreas Cantelmus. In-fol. d'ap. *Woutters.*

579 — Casperius Gevartius jurisconsulte. Petit in-fol., d'ap. *Rubens.*

580 — Marie de Médicis reine de France. Grand in-4, d'ap. *Van Dyck.* Très-belle ép.

581 — J.-Ant. Philippinus général des Carmélites, d'ap. *P. Franchoys.* In-4.

582 **Prenner.** Henri II roi de France. In-4, à mi-corps. Marge, in-fol.

583 **Rabel**. Fr. de Valois frère d'Henri III. Ovale in-8, dirigé à droite.

584 — Fr. de Valois dirigé à gauche, avec les coins ombrés.

585 — Catherine de Médicis femme d'Henri II. Ovale in-8.

Ces portraits sont d'une grande rareté.

586 **Ragot** (F.). Anne d'Autriche. Petit in-fol. d'ap. Pelerin. Très-belle ép.

587 — Ch. de l'Aubespine marquis de Chateauneuf garde des sceaux. Petit in-fol. Magnifique ép.

588 **Regnesson** (N.). F. de Vendôme duc de Beaufort. Petit in-fol. d'ap. *C. Carette*. Sup. ép.

589 — Marie de Bourbon-Montpensier d'après nature, 1661. Petit in-fol.

590 **Rembrandt** (D'ap.). Le grand Coppenol. In-fol.

591 **Renard** *ex formis*. Marie-Thérèse reine de France. Petit in-fol.

592 **Riehomme**. L.-A.-H. de Bourbon Condé duc d'Énghien. In-4, d'ap. *Bourdon*. Belle épreuve. Marge.

593 **Rochefort** (de). Nicolas Malebranche de l'Oratoire. In-4. Rare.

594 **Romanet** (A.). L.-F. de Bourbon prince de Conti grand prieur de France. In-fol. d'ap. *le Tellier*. Très-belle ép.

595 **Roullet** (J.-L.). Henri marquis de Beringhen à mi-corps. In-fol., d'ap. *Mignard*. Très-belle ép.

596 — J. Chaillou de Thoisy docteur de Sorbonne. In-fol., d'ap. *Gerardin*. Sup. ép. Marge.

597 — Jean Delpech conseiller. Petit in-fol., d'ap. *Largillière*.

— Etienne Le Camus cardinal. In-8. Superbe épreuve.

— Camille Le Tellier abbé de Louvois. In-fol., d'ap. *Largillière*. Très-belle ép.

598 **Roy** (G.). Cardinal de Fleury, médaillon soutenu par Diogène. In-4. Sup. ép., toute marge.

599 **Roussel**. Christine reine de Suède. Petit in-fol. Sup. ép.

600 — Ambroise le Gauffre prêtre. In-4. Très-belle épreuve.

601 — Louis XIV enfant. In-fol. Belle ép.

602 — Renée de Turin femme de N. E. Olier. Grand in-8. Sup. ép.

603 **Rousselet**. Henri de Bourbon prince de Condé. Petit in-fol. Très-belle ép.

604 — Jacques Cujas de Toulouse. Petit in-fol.

605 — J. Rioland médecin. In-4. Rare.

606 **Sadeler** (Ægide). R.-M. Pyrnesi évêque. In-4. Très-belle ép. Signé *Mariette* 1661.

607 **Sadeler** (J.). Em. Philibert duc de Savoie dans une décoration d'architecture orné de figures allégoriques. In-fol. Très-belle ép.

608 **Sadeler** (R.). Saint Hildephonse archevêque. In-4. Très-belle ép.

609 **Saint Aubin** (Augustin de). Fénelon archevêque de Cambrai. In-4, d'ap. *Vivien*. Toute marge.

610 — Monet directeur de l'Opéra. In-8, d'après *Cochin*.

611 **Saint-Aubin**. Orléans (Louis Ph. duc d') pour le titre de l'ouvrage sur les médailles. In-4, d'ap. *Cochin*. Marge.

612 — J.-J. Rousseau. In-4. Sup. ép., d'ap. *de Latour*.

613 **Sandrart** (Suzanne-Marie). 1682. Gab. Carola Patina entourée de trait de plumes. Sup. ép. In-4. Rare.

614 **Sarrabat**. J.-H. Basan de Flamenville évêque. Manière noire. Grand in-4, d'ap. *Rigaud*. Belle épreuve.

615 — Philippe V., Roy d'Espagne. In-4.

616 **Schenck**. Frère Jacque de Beaulieu célèbre Lithotriteur. Manière noire. In-4.

617 — Jean Calvin. Manière noire. In-4.

618 **Schmidt**. P. Mignard peintre. In-fol., d'après *Rigaud*.

619 **Schultze**? Duguay-Trouin. In-8. Sup. ép. avant toute lettre sur chine. Marge.

620 **Schuppen** (Van). 1665. Ch. d'Anglure de Bourlemont, d'ap. Ferdinand archevêque de Toulouse. In-fol. Magnifique ép.

621 — Martin de Barcos abbé de Saint-Cyran. In-4, d'ap. *Ph. de Champagne*. 1646. Sup. ép., avec la petite croix en haut.

622 — Jérôme Bignon avocat général au Parlement de Paris. Petit in-fol. Sup. ép. Grande marge.

623 — Thierry Bignon maître des requestes. In-fol., d'ap. *F. de Troy*. Très-belle ép.

624 — Samuel Bochart né à Rouen, ministre calviniste à Caen, Petit in-fol. Sup. ép.

625 — P. de Bonzi cardinal. In-fol., d'ap. *Bachichi*, à Rome. Très-belle ép.

626 — N. Bordier intendant des finances. In-fol., d'ap. *Dieu*. Sup. ép.

627 — Borri célèbre chimiste. Superbe ép. avant l'inscription sur la tablette. In-fol., d'ap. *Ovens*.

628 — N.-J. Foucault intendant de Basse-Normandie, d'ap. *Largillière*. Petit in-fol. Très-belle ép.

629 — N. Fouquet, buste sur piédouche. In-8. Magnifique ép.

630 — J.-L. de Fromentière évêque d'Aire. In-4. Belle ép.

631 — F. de la Haye médecin In-8. Superbe ép. Marge.

632 — Paul-Armand Langlois maître d'hôtel du Roy. In-fol. Superbe ép. Marge.

633 — Emmanuel Thédose de la Tour d'Auvergne duc d'Albret cardinal de Bouillon, portant *Michel Natalis sculpebat* 1665, mais sous les armes P. V. S. F. In-fol. Superbe ép. Marge.

634 — L.-F. le Fevre de Caumartin. Petit in-fol., d'ap. *de Troy*. Superbe ép. Marge.

635 — Eustache Le Sueur peintre. Grand in-4. Sup. épreuve.

636 — Ch.-Maurice Le Tellier archevêque de Reims. In-4, d'ap. *Mignard*. — Le même personnage. In-8, par *Desrochers*. 2 p.

637 — Michel Le Tellier chancelier, médaille avec le revers. In-4 en travers. Très-belle ép. Marge.

638 — Louis XIV encore jeune. In-4, d'après *Mignard*.

. 639 **Schuppen**. Mazarin cardinal, médaillon entre quatre emblèmes. In-fol. en travers, d'après *Chauveau*. Très-belle ép.

640 — Gilles Menage. Grand in-4, d'ap. *de Pilles*, 1692.

641 — P. Mercier général de tous les ordres de la Rédemption des captifs. In-fol., d'ap. *Le Maire*.

642 — Anne-Jules duc de Noailles. In-4. Magnifique ép. avant toute lettre.

643 — F. Pinsson avocat. Petit in-fol.

644 — F. Pithou jurisconsulte. Petit in-fol. Belle ép.

645 — A.-J. Le Bouthillier de Rancé. In-4.

646 — J. de Seigliere trésorier et surintendant des bâtiments du duc d'Orléans. In-fol. Grandeur naturelle.

647 — 1649. L.-M.-A. de Simiane de Gordes, premier aumônier de la reine. In-fol., d'ap. *Lefevre*. Sup. épreuve.

648 **Sergent** (D'ap.). Charles de Créquy. In-4. Ovale en couleur. Très-belle ép. Marge.

649 **Sichem** (Van). F. Ravaillac en pied, au fond l'assassinat, son supplice, en haut les portraits du roi, de la reine et de Louis XIII enfant. In-4. Marge.

650 **Simonneau** (Ch.). Le Père Anselme célèbre historiographe. In-4, d'ap. *Rigaud*.

651 — Charles Coffin principal de Beauvais. Petit in-fol. Très-belle ép. Marge.

652 — Henriette-Marie de France épouse de Charles Ier. Petit in-fol., d'ap. *Van der Werff*. Belle épreuve. Marge.

653 — Louis XIV, médaillon soutenu par des figures allégoriques. Petit in-fol., d'ap. *Ant. Goypel.*

654 — Epitaphe et Tombeau du cardinal de Richelieu vu de quatre côtés, coupe et plan du caveau. 6 p. in-fol. Très-belles ép.

655 — Melchior Cochet de Saint-Valier comte de Brioude président des requestes. In-8. Très-belle épreuve.

656 **Sompel** (Van). Marie de Médicis. In-fol., d'ap. *Van Dyck.* Superbe ép.

657 — Marguerite femme de Gaston d'Orléans. In-fol., d'ap. *Van Dyck.* Superbe ép.

658 **Sorin**. Eustache Guinot amateur de tableaux. Petit in-fol., d'ap. *Chabouilliey.* Petit in-fol. Rare.

659 **Sornique**. J.-B. Lulli musicien. In-8. Marge.

660 **Spirinx**. Le Serment de fidélité fait au roi par le duc de Lorraine à Saint-Germain-en-Laye 10 avril 1641. In-fol. en travers en forme de frise. Très-rare.

661 **Striedbeck** (J.). Catafalques pour le service du Dauphin dans la cathédrale de Strasbourg et dans l'église de la Confession d'Augsbourg. 2 p. In-fol.

662 **Suyderhoef**. Louis de Dieu ministre du Verbe.

663 — Henriette-Marie femme du roi Charles Ier. In-fol., d'ap. *Van Dyck.* Sup. ép.

664 — André Rivet. Petit in-fol., d'ap. *Dubordieu.* Belle ép.

665 — Claude de Saumaise. In-4.

4

666 **Swaine**. Henri IV en pied, le sceptre de Milice.
In-4. Très-belle ép., toute marge.

667 **Tangena** *excud*. Cazal. — Saint-Malo. — Gran-
ville, etc. Quatre Vues de siéges avec texte hol-
landais au bas.

668 **Tanjé**. Benj. de Brissac pasteur. In-4. Très-
belle ép.

669 **Tardieu** *filius*. Al. Simon Belle peintre. In-8.
Très-belle ép.

670 **Tavernier**. Fr. cardinal Barberin. In-8, d'ap.
Messager.

671 **Tempeste**. Henri IV à cheval, in-fol.

672 **Thomassinus** (Ph.), 1595. Ph. Em. de Lorraine duc de Mercœur, à cheval; petit in-fol. —
Le même personnage, in-8. 2 p.

673 **Thomassin** (S. H.). Le Dauphin, d'ap. *de Troy*,
petit in-fol.

674 — P. Silvain Regis philosophe, in-4.

675 — Statue équestre de Louis XIV, in-fol., d'après
Coyzevox, pour les États de Bretagne.

676 **Tournelle**. P. de La Broue évêque de Mirepoix,
in-fol., d'ap. *Rigaud*.

677 **Thourneyser**. Constance de Silvecane, pre-
vôt des marchands à Lyon, in-fol., d'ap. *Blanchet*.

678 **Trouvain** (A.). Jean Jouvenet peintre, in-fol.
en travers.

679 — J. Antoine Le Vachet prêtre de Roman en
Dauphiné, in-8. Très-belle ép.

680 — Cl. Fr. Menetrier jésuite, in-fol., d'ap. *Simon*.
Magnifique ép.

681 — Claude du Molinet chanoine bibliothécaire de Sainte-Geneviève, in-4, toute marge.

682 **Vaenius** (Gisbert). Henri IV à cheval : *Voicy le preux Henry*, in-fol., d'ap. *Caron*. Rare.

683 **Vaillant ?** Henri IV en buste, grand in-4. Belle ép.

684 **Vallet** (G.). A. Denis de Cohon évêque de Nismes, grand in-fol.

685 — P. Corneille, né à Rouen, petit-fol., d'après *Pallet*.

686 — C. F. de Loménie de Brienne évêque de Coutances. Belle ép. in-fol.

687 **Vangelisty**. Le Maréchal de Richelieu en pied, d'apr. Gault de Saint-Germain, in-fol.

688 **Vénitien** (A.), 1535. Ariadenus Barbarvssa, in-fol. Rare.

689 **Verkolije**. 1680. Ortance Manchini duchesse de Mazarin, manière noire, in-4, d'après Lely. Superbe ép.

690 **Vermeulen** (C.). J. H. d'Anglebert, ordinaire de la musique de la chambre du roy pour le clavecin, d'ap. *Mignard*, in-4 Toute marge.

691 — Bardo Bardi Magalotti gentilhomme florentin, in-fol., d'ap. *Largillière*, gouverneur de Valenciennes. Très-belle ép. Marge.

692 — Ch. Amédée Broglie comte de Revel, in-fol., d'ap. *Rigaud*.

693 — Catinat maréchal de France, in-fol., belle ép.

694 — L. de Clermont évêque de Laon, in-fol., d'ap. *Rigaud*.

695 **Vermeulen**. A. Hubert Jaillot |géographe, in-fol., d'après *Culin*.

696 — L. Urbain Le Fèvre de Caumartin maître des requestes, petit in-fol., d'après *de Troy*. Très-belle ép.

697 — L. F. Le Tellier marquis de Barbezieu, secrétaire d'État, in-fol., d'ap. *Mignard*.

698 — Maximilien Emmanuel électeur, in-fol., d'ap. *Vivien*.

699 — P. Mignard peintre, in-fol., d'ap. lui-même.

700 — F. de Montmorency-Luxembourg, in-fol., à mi-corps, d'ap. *Rigaud*.

701 — B. Phelypeaux marquis de Chasteauneuf, d'ap. *Mignard*, grand in-8. Sup. ép.

702 **Vertue**. Jean Racine, in-4. Sup. ép. Marge.

703 **Vischer** (C.). Les trois frères Coligny, Odet, Gaspard et François, en pied. Pièce très-rare.

704 **Visscher** (L.). Anne d'Autriche, d'ap. *Vanloo*, in-fol. Très-belle ép.

705 **Vosterman** (L.). Claude de Saumaise, d'ap. *Dubordieu*, in-4. Superbe ép.

706 **Watelet** (C.-H.). Lud. Fl. de Vallière, in-4. Sup. ép. Marge.

707 **Wierix** (Antoine). Philippe Emmanuel de Lorraine duc de Mercœur, in-8. Magnifique ép.

708 **Wierix** (J.). Michel de l'Hôpital, grand in 8. Superbe ép.

709 — Louis d'Orléans, insigne ligueur, dans un cartouche orné, in-4. Superbe ép.

710 **Wille** (J.-G.). Marg. Elis. de Largillière, In-fol. Belle ép. Grande marge.

711 — Louis XV à cheval, d'ap. *Parrocel*. Belle ép..
in-fol.

712 — Joseph Parrocel peintre, d'ap. *Rigaud*. Marge.

713 — A. F. Prevost aumônier du prince de Conti,
in-8. Superbe ép.

714 — Maurice de Saxe, in-fol., d'ap. *Rigaud*.

715 — Pierre de Tencin archevêque de Lyon, in-4,
d'ap. *Heilman*. Belle ép.

716 **Galerie Cardinale**. Boucicault. — Gaucher
de Châtillon. — Clisson. — Ch. de Cossé. — La
Trémouille. — F. de Lorraine. — Louis XIII. —
Montfort. — Anne de Montmorency. — Gaston
d'Orléans, 10 portraits en pieds, in-fol. Très-
belles ép.

717 Les Triomphes de Louis le Juste, 19 portraits
avec entourages ornés, petit in-fol.

718 Grands hommes de la France, 40 portraits, d'ap.
Sergent, in-4 ovales en couleur; 40 scènes et
hauts faits gravés en couleur. 80 p. vol. tranche
dorée.

719 Château de Vincennes, au bas la scène des princes
de Condé, Conti et Longueville, in-fol. Rare.

720 Entrée du duc de Parme à Paris, en 1590, in-fol.

721 *Alençon* (duc d'). In-12. in-4, à cheval, in-4.
3 p.

722 *Bernard de Cerf* abbé de Saint-Jean. In-4
avant toute lettre. Magnifique ép.

723 *Biron*. Charles de Gontault surmontant son ar-
restation et son supplice. In-4 en travers, rare.

724 *Charles II* d'Angleterre jeune. Avant toute
lettre, in-4 — plus âgé, par *Danckers*. In-fol. 2 p.

725 **Colbert** (J.-B.). In-4. Sup. ép.

726 **Espernon**. B. de Foix de Lavalette duc. In-fol. Sup. ép.

727 **Garibay** auteur des Chronicles d'Espagne 1571. Grand in-4 en bois, rare.

728 **Henri II** roi de France. Petit in-fol.

729 **Henri III** recevant la lettre de Jacques Clément. In-4 en travers — Portrait in-4. 2 p.

730 — Jacques Clément assassinant Henri III — quatre scènes de la vie de J. Clément sur la même feuille. 2 p.

731 **Henri IV**. In-8, in-4 et en pied in-fol. 13 p. plusieurs très-beaux dans le goût de Léonard Gaultier. Pourra être divisé.

732 — Assassinat d'Henri IV par Ravaillac — Exécution de Ravaillac. 2 p. petit in-fol. Sup. ép.

733 **Jeanne d'Arc** en pied d'ap. *Vignon* — tirée de la galerie Cardinale. 2 p. in-fol. Très-belles ép.

734 **Lalain** (Jacques de) chevalier de la Toison-d'Or. Petit portrait d'une grande finesse d'exécution.

735 **Rois de France**. Saint Louis en pied — Louis XIII, in-4 — Louis XIV. 4 p.

736 — Louis XIV — son frère. 2 p. in-4. Très-belles épreuves.

737 **Louis XIII**. Petit médaillon entouré des dieux de l'Olympe. Magnifique ép. in-fol. en travers.

738 — A cheval, in-fol. 2 différents. Très-belles ép.

739 **Louis XVIII**. Manière noire. Petit in-fol. avant toute lettre, toute marge. Magnifique ép.

740 **Mellin de Saint-Gelais**. In-4. Ep. sans texte.

741 **Orleans**. Gaston, in-8, in-4, duc de Longueville, in-4. En tout, 4 p.

742 **Rohan** cardinal, en couleur — la comtesse de
la Motte. 2 p. in-4.

743 **Rousseau**. J.-B. et J.-J. 4 p. in-8.

744 **Urfé** — Astrée. 2 portraits in-8 dans des entourages ornés, avec vers au bas.

745 **Voltaire**. In-8, in-4 en pied et in-fol. 7 p.

746 Portraits de divers personnages ecclésiastiques,
littérateurs, femmes célèbres, etc. 76 p. de l'in-12
à l'in-fol. Sera divisé.

747 Grands portraits in-fol. par Drevet, Edelinck, etc.
8 p. Ep. modernes.

748 **Pièces historiques**. Le Pape recevant du
Perron et d'Ossat, Batailles, combats de Nieuport,
Allégorie sur la prise de La Rochelle, plans, sié-
ges, 18 p..

749 Vierge, Esther, Paysage d'ap. Boucher, etc. 5 p.

Renou et Maulde, imprimeurs de la Compagnie des Commissaires-Priseurs
rue de Rivoli, 144.   48600